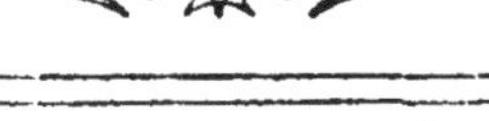

TRAITÉ

DE

DASSEVILLÉGRAPHIE,

OU

L'art de peindre sa pensée aussi vite que la parole,

DÉMONTRÉE EN QUATRE LEÇONS,

PAR B.-H. DASSEVILLE,

BREVETÉ,

Membre de l'Académie de l'Industrie.

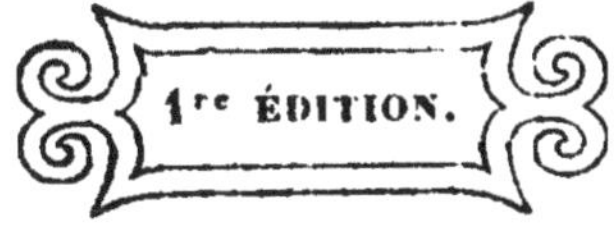

1re ÉDITION.

ROUEN,

CHEZ L'AUTEUR, RUE St-VIVIEN, Nos 128 ET 130.

1843.

TRAITÉ

DE

DASSEVILLÉGRAPHIE.

ROUEN. IMPRIMERIE DE A. SURVILLE.

TRAITÉ

DE

DASSEVILLÉGRAPHIE,

OU

L'Art de peindre sa Pensée aussi vite que la parole,

DÉMONTRÉ EN QUATRE LEÇONS

PAR B.-H. DASSEVILLE,

Breveté,

Membre de l'Académie de l'Industrie.

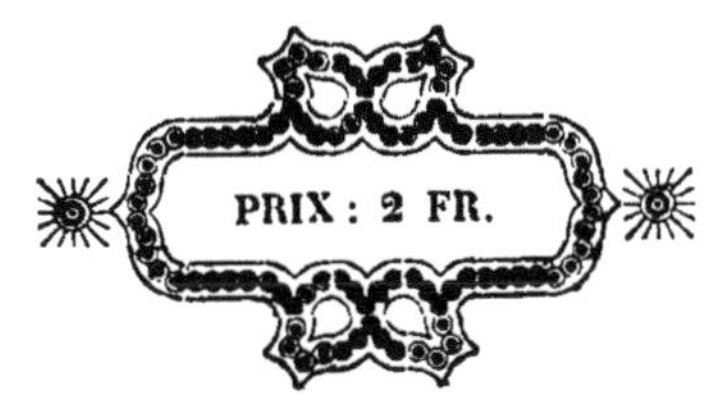

ROUEN,

CHEZ L'AUTEUR, RUE ST-VIVIEN, Nos 128 ET 130.

1843.

1844

CET OUVRAGE SE TROUVE

Chez tous les Libraires de Rouen et du département,
Et les principaux Libraires de France.

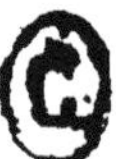

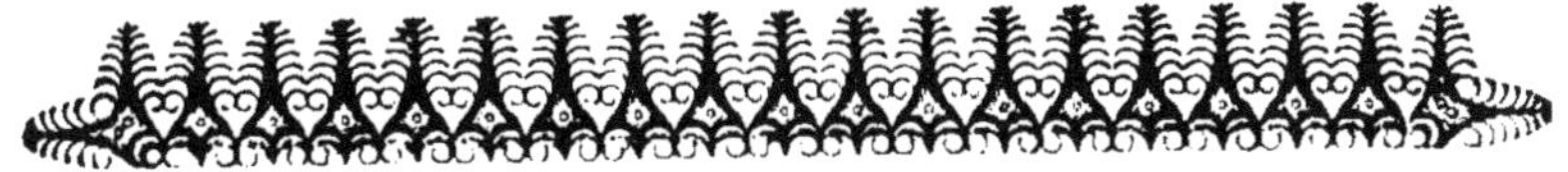

TRAITÉ

DE

DASSEVILLÉGRAPHIE.

Cette Méthode très-simple peut être apprise, au moyen de ce traité, sans le secours d'aucun maître, par les personnes sachant déjà lire et écrire.

Quant à celles qui ne savent pas lire, quelques leçons suffiraient pour leur apprendre à lire et à écrire au moyen de cette méthode, vraiment précieuse pour toutes les classes de la société.

Des personnes d'une intelligence très-ordinaire, peuvent, sans savoir lire, former des mots et même des phrases et les lire ensuite, dès la première leçon.

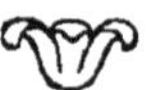

AVERTISSEMENT.

J'avais reconnu que la Sténographie était une science indispensable pour pouvoir recueillir les discours des orateurs que l'on entend parler; mais, malheureusement, elle n'était presque point cultivée, parce qu'elle était difficilement comprise par les personnes qui avaient le désir de l'apprendre; sans doute, parce que la manière de l'enseigner n'était ni assez claire, ni assez succincte; et beaucoup de personnes qui avaient le vif désir de l'apprendre ont abandonné leur projet après avoir reçu seulement quelques leçons, bien persuadées qu'elles ne surmonteraient jamais les obstacles que leur présentait cette science, particulièrement à cause de la difficulté de l'écrire et des nombreuses abréviations qui la rendaient presque illisible, même pour ceux qui l'avaient écrite, quoiqu'en ayant l'habitude.

Ce fut dans l'intention de remédier à beaucoup d'inconvéniens, et afin de propager de plus en plus cette belle science, jadis si hérissée de difficultés, et qui, aujourd'hui, par ma méthode, est devenue si attrayante et si facile, que tout récemment, j'ai conçu l'idée de composer une méthode qui pût être à la portée de tout le monde, et au moyen de laquelle on pût apprendre en très-peu de temps, la Dassevillégraphie ; mais, l'entreprise était importante, et pour se faire bien comprendre, il y avait beaucoup d'obstacles à surmonter ; il fallait surtout dépouiller l'ouvrage de toute expression scientifique.

C'est à quoi je me suis particulièrement attaché, et je crois que ma méthode pourra être comprise par toute personne sachant seulement lire ; elle est non-seulement claire et facile, mais elle contient des principes jusqu'alors ignorés.

Lorsque je considère qu'un homme qui ne sait pas même lire, peut en quatre leçons apprendre à tenir des livres pour lui, à écrire tout ce qu'il voudrait ; par conséquent à correspondre avec ceux qui, comme lui, connaîtraient cette méthode ; je ne puis douter que l'enseignement n'en soit adopté dans toutes les maisons d'éducation, soit comme science d'agrément pour les personnes aisées, soit comme très-utile aux enfants de la classe pauvre qui n'a pas le moyen de les laisser pendant plusieurs années dans les écoles pour y apprendre à bien lire et écrire ; d'où il résulte que, ne sachant pas l'orthographe; ils écrivent souvent d'une manière incompréhensible ; au lieu que, par ma méthode, il n'y a pas besoin d'étude ni d'orthographe; il suffit d'apprendre à connaître et à former les signes qui composent les mots exprimant la pensée; et les personnes qui s'y livreront seulement une heure par jour, seront agréablement surprises de la promptitude avec laquelle elles y parviendront, même dès les premiers jours.

Je conseille aux commençants de s'exercer d'abord sur l'alphabet, et de l'écrire sur quatre lignes tracées ainsi : ________

enfin d'apprendre à donner à chaque signe la hauteur qu'il doit avoir ; car il en est qui, quoiqu'ayant la même forme, n'ont pas la même signification parce qu'ils ne sont pas de la même hauteur.

Ainsi, les signes ⟩ et ⟩, ou *che* et *se*, ne diffèrent que par leur dimension; il en est de même des signes / et /, ou *de* et *je*; de ceux / et / ou *be* et *le* et de / et /, ou *me* et *ne* auxquels il est indispensable de ne donner que la hauteur convenable.

Ainsi [shorthand signs] ou *be*, *ce*, *de*, *ne*, *ve*, font [shorthand signs] ou *le*, *che*, *je*, *me*, *fe*, en leur donnant le double de leur hauteur ; dans la Dassevillégraphie, chaque signe a toujours invariablement la même signification ; il n'en est pas de même dans l'orthographe française où le *t* a quelquefois le son de *s*, comme dans *action*, *solution*, etc. ; il existe même des mots qui, quoiqu'écrits de la même manière, se prononcent différemment.

EXEMPLE :

Nous *portions* des *portions* pour chacun d'eux.

— Messieurs *Ferment ferment* leurs bureaux à telle heure.

Je pourrais citer beaucoup d'autres exemples semblables, mais ceux qui précèdent suffisent pour faire juger des difficultés que doivent éprouver les personnes qui se livrent à l'étude de l'orthographe ; ces mêmes difficultés ne se rencontrent pas dans l'étude de la Dassevillégraphie, attendu que chaque signe ne signifie qu'un seul son ou une seule articulation, et que jamais l'un ne prend la signification de l'autre, selon les circonstances.

Attendu qu'il est possible d'écrire en Dassevillégraphie telle langue que l'on veut, il est probable que les étrangers qui saisissent les innovations françaises avec empressement, accueilleront cette science de même, et, que, avec le temps, elle se répandra dans toutes les classes de la société comme le fait le système métrique, et l'on pourra lire les langues étrangères sans les avoir apprises, pourvu qu'elles soient écrites de cette manière.

La Dassevillégraphie pourra prendre alors le nom d'orthographe universelle.

PREMIÈRE LEÇON.

—

Je donne ci-après les différents signes de l'Alphabet, avec leurs noms écrits à la suite de chacun d'eux, afin de mieux les faire comprendre aux Élèves.

ALPHABET.

a, be, *ce*, *de*, *e*, *fe*, *gue*,

che, *i*, *je*, *que*, *le*, *me*, *ne*,

o, *pe*, *que*, *gne*, *re*, *se*, *te*,

— *u*, *ve*, *xe*, *ye*, *ze*, *é*, *ée*.

ai, *aient*, *un*, *ou*, *eu* *en*, *in*,

on *sion*.

En jetant un coup-d'œil sur l'Alphabet, il est facile de remarquer qu'il y a des signes de différentes grandeurs; mais, le nombre des plus grands a été restreint autant que possible, afin d'éviter la perte de temps pour les tracer.

Tous les signes de l'Alphabet sont divisés en deux catégories, savoir :

1°. Les articulations;

2°. Les sons.

Afin de ne pas fatiguer la mémoire des Elèves, je ne démontrerai dans cette leçon que six articulations et deux sons.

Les articulations sont : *te*, *de*, *se*, *ze*, *me*, *re*.

Les sons sont : *a*, *i*.

Les Élèves devront faire attention à la manière dont se terminent les articulations et les sons ; ils remarqueront que les uns descendent sur la ligne sans s'y arrondir, et que les autres, au contraire, s'y arrondissent en formant une liaison, soit à gauche, soit à droite; ils remarqueront aussi que les articulations et les sons ont des formes qui leur permettent de s'unir aisément l'un à l'autre; c'est ce que je vais démontrer d'une manière claire et simple.

Par exemple ; réunis font ou *ta* ou font *ti*, ou font *da* : ainsi des autres signes. ou *sa*, *za*, *ma*, *ra* ; et qui font *si*, *zi*, *mi*, *ri*.

Lorsque les signes sont placés au-dessous de la ligne, ils prennent le son qu'ils auraient si on leur ajoutait la lettre nazale *n* : ainsi, fait *an*, fait *in*, fait *on*.

Donc pour écrire la *tante* par exemple : au lieu d'écrire , on écrira , de même pour *maman*, que l'on doit écrire [handwritten sign],

au lieu de [handwritten signs];

Telle est la marche que je suivrai dans le cours d'enseignement Dassevillégraphique que je m'efforcerai de démontrer de la manière la plus simple, afin de ne pas faire perdre aux Élèves tout le charme de cette écriture vraiment attrayante, qui leur donne les moyens de traduire leur pensée aussi vite qu'ils pourraient l'exprimer.

Dans la préface qui est au commencement de ce traité, je fais connaître quelques-uns des principaux et nombreux avantages que l'on peut tirer de cette écriture, dès à-présent et surtout lorsqu'elle sera enseignée dans les maisons d'éducation.

J'ai dit que, dès la première leçon, on peut

tracer des mots et même des phrases; je vais le démontrer.

D'abord des mots : tels que [shorthand] ou *maman*; *martyr* ou [shorthand]; *Marie*, ou [shorthand]; *rire* [shorthand] [shorthand] *madame*; [shorthand] *saint*; *amant* [shorthand].

Maintenant des phrases avec les seuls signes de cette première leçon;

EXEMPLES : Ce saint martyr irrita ce tyran; que l'on doit écrire : [shorthand]

De même : Madame Henri se rendra ici ce matin.

Ou, [shorthand]

De même : Ta main me retient,

que l'on écrit : [shorthand],

Puis : Ce tyran retient ce saint martyr :

Ou : [shorthand] :

— Ma demande a ce mérite,

— [shorthand],

Au premier aperçu, il est facile de juger que l'on doit gagner beaucoup de temps par cette méthode, même sans avoir recours aux abréviations de signes que j'indiquerai dans la quatrième leçon.

DEUXIÈME LEÇON.

Dans cette deuxième leçon, je démontrerai les articulations et les sons suivants :

Savoir : *pe*, *be*, *que*, *gue*,

gne, *ne*, *le*, *ye*.

Et, *o*, *u*, *un*, *ou*, *é*.

ée, *ai*, *aient*

Lorsque le son o est placé au-dessous de la ligne, il prend comme ceux ↙ ↖ ou *a*, *i*, le son nazal comme suit :

EXEMPLE :

o fait o on ;

Quant au son — *u*, il suffit de mettre un point dessous pour lui donner le son *un*, si au contraire le point était placé au-dessus du signe — *u*, il lui ferait prendre le son *ou* ;

Le signe / *é* doit être prononcé comme l'*é* fermé; lorsque l'on veut exprimer un son plus long il suffit de le rendre plus long comme / *ée*;

Le signe ⌊ *ai* se prononce bref, et si l'on veut exprimer longuement le même son, il suffit de le faire ainsi ⌊ *aient*, qui signifie également *aie*, *ais*, *aient*, *est*.

Il est facile de remarquer que les diverses articulations démontrées dans cette leçon, ont, comme celles de la leçon précédente, leur terminaison qui s'arrête droite sur la ligne de manière à pouvoir s'unir aux différens sons de l'alphabet; il en sera de même des autres signes que je démontrerai dans les leçons suivantes.

Comme il est bon que tous les signes du même mot soient liés entr'eux pour donner plus de facilité à les lire, et qu'il arrive quelquefois que deux articulations se succèdent dans le même monograme, je fais remarquer ici que la liaison partant du pied de la première articulation, doit partir de suite en montant et sans s'arrondir avant de monter à la suivante; car, dans ce cas, la liaison serait prise pour le son *i*. Ainsi, par

exemple; le mot *peuple* doit être écrit

si, au contraire, on n'observait pas cette règle générale, et que, par négligence ou

autrement, l'on écrivît ; on aurait

pieupili au lieu de *peuple*.

Ce seul exemple démontre suffisamment qu'il est indispensable de suivre la règle prescrite.

Maintenant, je vais donner des exercices un peu plus longs que ceux de la première leçon ce qui me sera d'autant plus facile que le nombre des signes déjà enseignés est moins restreint.

Je donnerai d'abord quelques monosyllabes tels que :

Quel grand mal peut-on y voir.

Maintenant je passerai à des phrases plus longues.

EXEMPLE:

Ma tante Cécile est malade; son médecin me l'a dit ce matin à la messe.

AUTRE EXEMPLE :

La santé est le premier des biens ; *que l'on écrit :*

Il est bon de respecter l'opinion des hommes sensés :

L'imprudent méprise les conseils de la raison, et se prépare d'amers repentirs :

L'on est plus sociable et d'un meilleur commerce par le cœur que par l'esprit.

TROISIÈME LEÇON.

Cette leçon comprend tous les signes de l'alphabet dont il n'a pas encore été parlé dans les leçons précédentes, ce sont :

fe, *ve*, *che*, *je*, *xe*, *eu*, *eux*, *yc.*

Les signes [illegible] *fe* et *ve* ont la même forme, à cause de la similitude de leur nom, mais ils sont faciles à distinguer : parce qu'ils ont comme dans l'écriture ordinaire une grandeur différente ; il en est de même du signe

, *che*, qui a la forme du

se, mais l'un a deux fois la hauteur de l'autre ;

le signe *je*, est aussi semblable au signe

de, quant à la forme, mais il est moitié plus haut.

Le signe *xe*, est formé du *que*, et

de la moitié du *ze*, ce qui fait en effet

que *ze* ou *xe*:

Le point seul . à le son *eu*, et le communique aux signes sous lesquels on le place.

EXEMPLE :

... *peut*, ... *jeu*; lorsque l'on veut exprimer *eux*, on fait le point plus gros que pour *eu*, comme dans ... heureux; il y a une exception, la voici : le point placé sous le signe — *u*, lui communique le son *un*.

Le signe ... *ye*, a le son de deux *ll* mouillées comme dans *mouiller* que l'on écrit ..., et que l'on peut décomposer ainsi :

Les élèves pourront s'exercer sur les phrases suivantes, pour lesquelles ils pourront employer tel signe qui leur conviendra, puisque maintenant tous les signes de l'alphabet leur ont été démontrés.

EXERCICES.

—

La crainte du Seigneur est le commencement

de la sagesse.

Il faut juger les hommes par leurs actions

plutôt que par leurs paroles.

Celui qui met un frein à la fureur des flots

Peut aussi des méchants arrêter les complots.

La religion est la mère de l'esprit et le baume du cœur.

Joli, gentil, petit cheval,

Bon à monter, bon à descendre,

Sans que tu sois un Bucéphal,

Tu portes plus grand qu'Alexandre.

QUATRIÈME LEÇON.

DES ABRÉVIATIONS.

Les abréviations offrent l'avantage d'éviter de tracer les signes qu'elles remplacent; mais, en général il faut en employer le moins possible afin de pouvoir lire facilement ce que l'on a écrit.

Plutôt que de supprimer les signes, il vaut mieux abréger le temps par la promptitude que donne la pratique; aussi, ne ferai-je connaître que ceux que l'on peut employer sans s'exposer à de nombreuses erreurs.

Le principal signe abréviatif est le *trait*, dont voici la forme ⁀, lequel sert à supprimer une partie d'un mot, ou à indiquer la suppression d'une partie d'une phrase.

EXEMPLE :

Il faut cependant être satisfait de ce que l'on possède, lorsque l'on ne peut obtenir ce que l'on souhaite.

L'honorable orateur auquel j'ai l'honneur de répondre.

L'honorable préopinant.

Les ministres de Sa Majesté Louis-Philippe

Ier roi des Français.

Monseigneur le comte de Paris, Prince Royal.

Il est facile de se convaincre que le trait peut être d'un grand secours pour recueillir un discours; puisqu'avec lui il suffit d'écrire le commencement des mots pour que le sens de la phrase en fasse connaître la signification.

Le *point* placé à la fin d'un mot et à la hauteur d'une lettre signifie *sion*, exémple, *action* que l'on peut écrire [shorthand] au lieu de [shorthand],

position [shorthand] au lieu de [shorthand] ; passion

ou [shorthand] au lieu de [shorthand].

Voici encore quelques abréviations que l'on peut employer sans craindre de ne pouvoir les relire, ce sont :

Monsieur, [shorthand]

Messieurs, [shorthand]

Monseigneur, [shorthand]

Messeigneurs, [shorthand]

Madame, [shorthand]

Mesdames, ——————

Mademoiselle, ——————

Mesdemoiselles, ——————

Moi-même, ——————

Nous-mêmes, ——————

Vous-mêmes, ——————

Je ne m'étendrai pas davantage sur les abréviations, afin de ne pas fatiguer inutilement la mémoire des personnes qui désirent se livrer à l'usage de cette écriture.

Je donne ci-après quelques monosyllabes qui offrent quelques difficultés aux commençants, ce sont :

Vois, ___ Œil, ___ Suit, ___ Boit, ___

Sois, ___ Seuil, ___ Jouit, ___ Toit, ___

Loire, ___ Deuil, ___ Puits, ___ Toi, ___

Soin, ___ Oies, ___ Louis, ___ Moi, Mois, ___

Loin, ___ Soie, ___ Roi, ___ Soi ___

ou ___

Je donnerai ci-après quelques morceaux d'histoire que je traduirai en Dassevillégraphie.

REMARQUE.

DES NOMBRES.

On devra presque toujours préférer les chiffres aux signes pour représenter les nombres; néanmoins, il en est que l'on peut exprimer plus facilement par des signes que par des chiffres.

Par exemple: **100** ou , **1,000** ou , est par abréviation ; **10,000** ou ; **100,000** ou **1,000,000** ou , mais quant aux nombres tels que 94, par exemple, et autres à-peu-près semblables, il faut toujours préférer les chiffres aux signes.

Mort

DU PRINCE DE TALMONT.

Arrêté dans les environs de Laval, sous le déguisement d'un paysan, le prince de Talmont fut conduit devant le général Beaufort qui commandait à Fougères. La fille de l'auberge de Saint-Jacques reconnut le prince, et détermina sa mort en s'écriant : « c'est le prince de Talmont ! » L'élan de cette jeune personne fut attribué à un motif de vengeance, attendu que le prince l'avait outragée lors du passage de l'armée vendéenne.

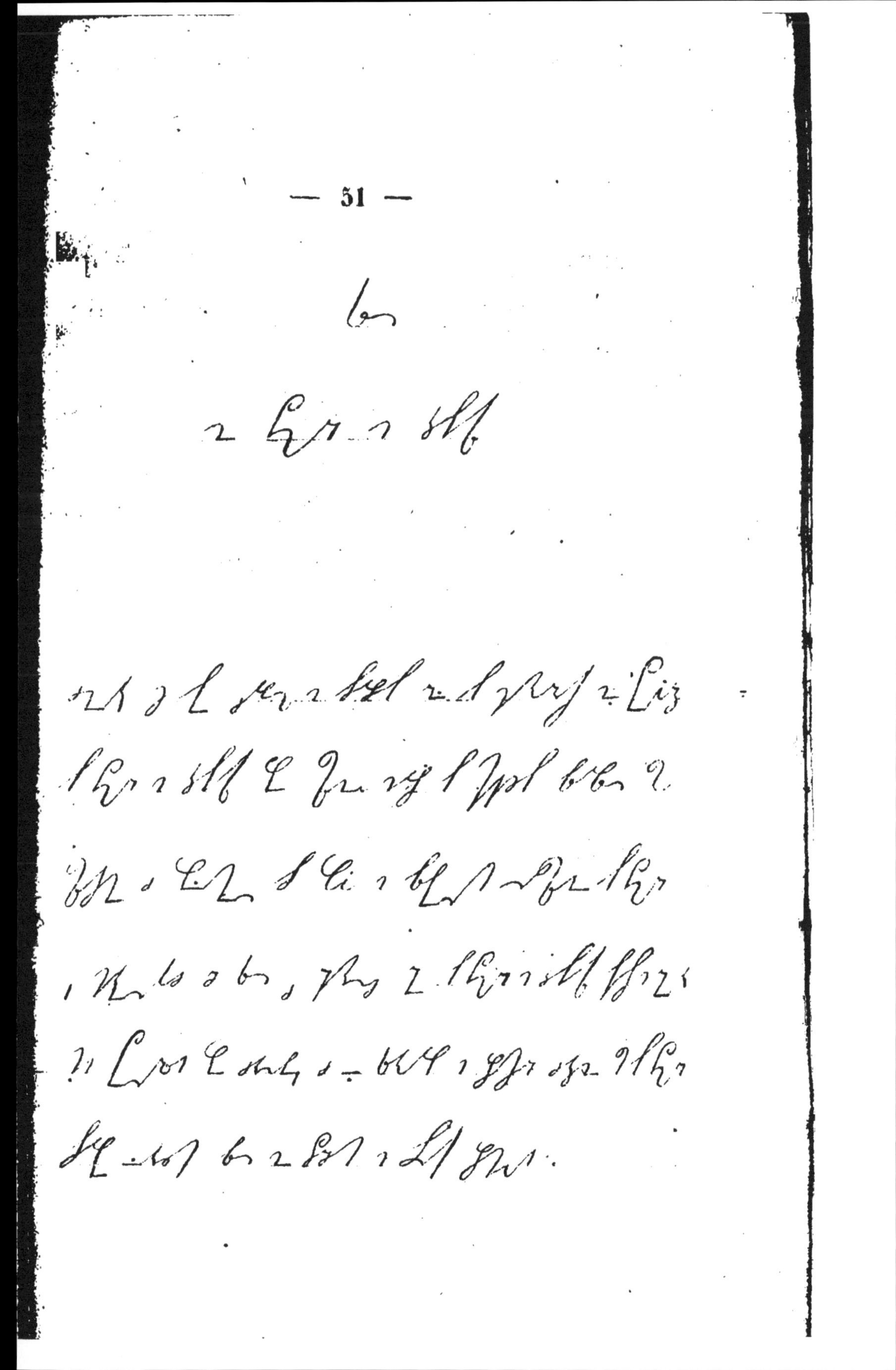

D'autres personnes affirment au contraire que le prince avait sauvé la vie au père et à la fille.

Lorsqu'il fut en présence du général Beaufort, après avoir jeté son bonnet à terre ; « oui, lui dit-il, je suis le prince de Talmont ; 68 combats avec les républicains ne m'ont jamais inspiré la moindre frayeur. »

Lorsqu'un officier nommé Huard lui eut demandé pourquoi il avait embrassé le parti royaliste, il répondit : « Je suis prince, seigneur de Laval et de Vitré ; je devais servir mon roi, et je ferai voir par ma mort que j'étais digne de défendre le trône ».

Conduit à Rennes et interrogé par un conventionnel qui lui dit avec colère : tu es aristocrate

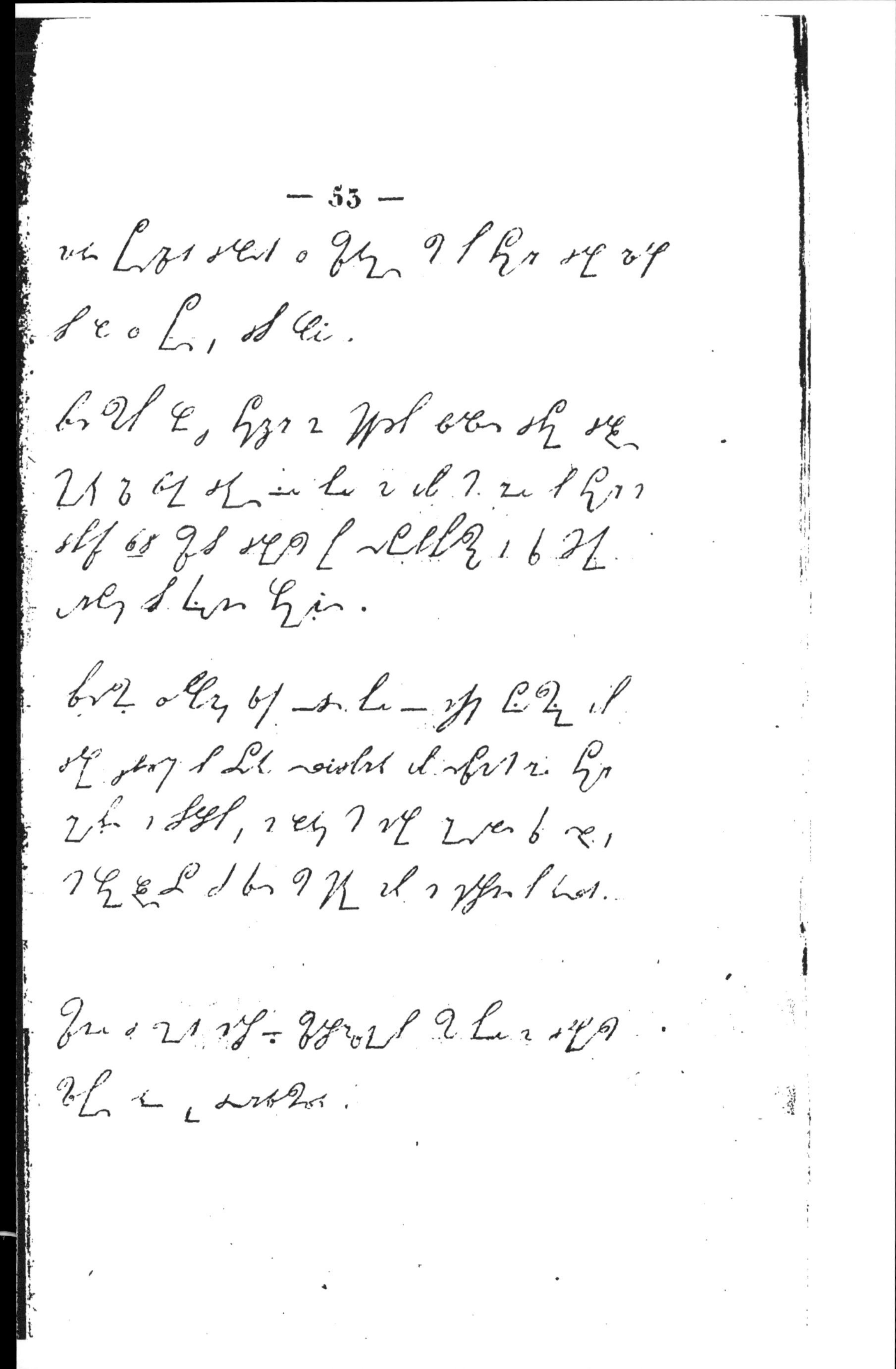

et je suis patriote, « Tu fais ton métier, lui répondit Talmont, et je fais mon devoir ».

Sa tête ayant été demandée par la convention, il fut transféré à Vitré, quoique malade, et de là à Laval, où il fut exécuté devant la principale porte de son château.

Dans la traduction ci-dessus, je n'ai pas employé de signe abréviatif, et pourtant, la Dassevillégraphie comprend moins d'espace que l'écriture ordinaire.

Le morceau d'histoire que je traduis ci-après contient des abréviations dont j'ai parlé dans la quatrième leçon, et j'engage les élèves à les étudier attentivement, afin de se les rendre familières.

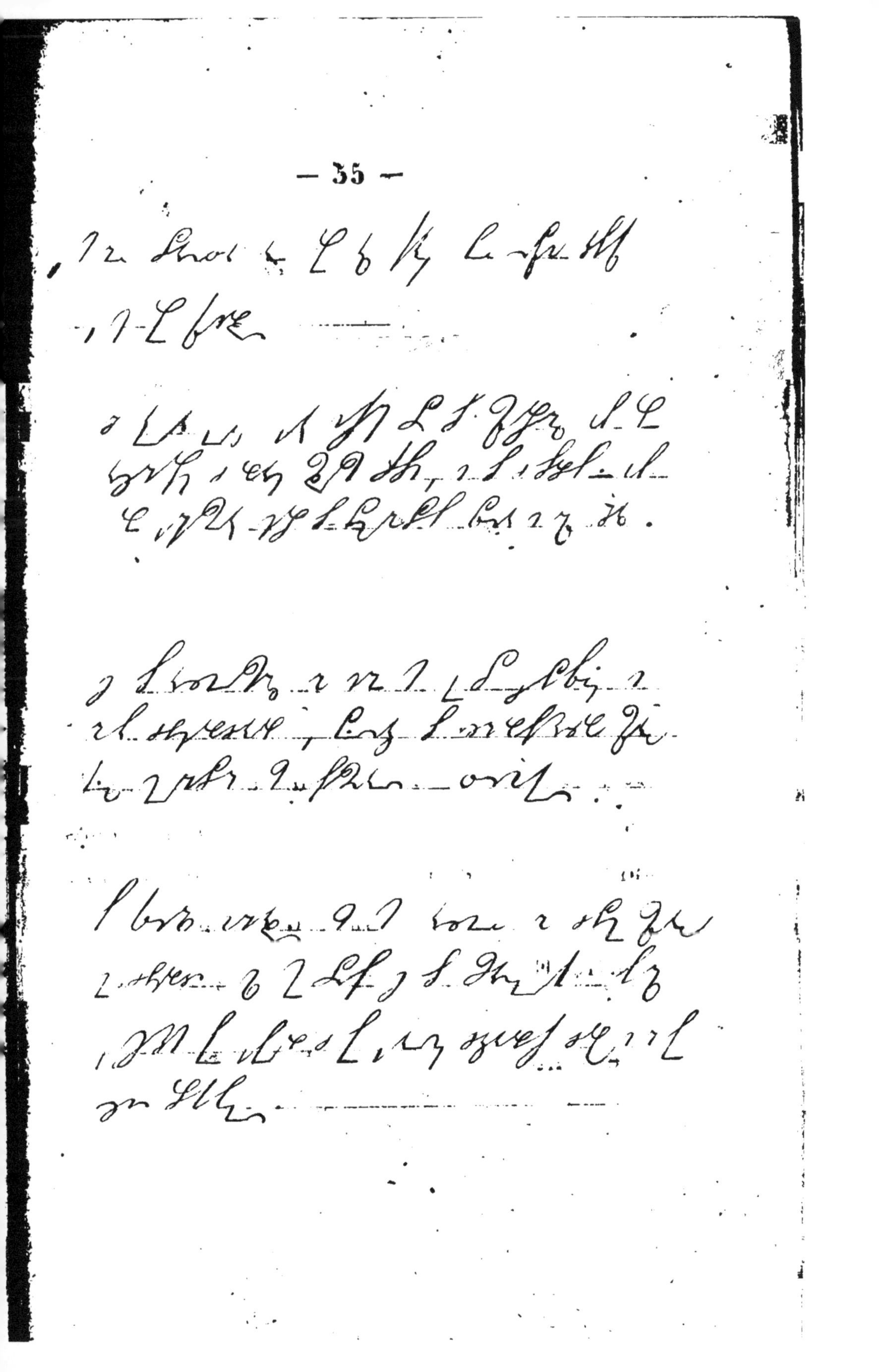

DU TRAITÉ D'AMIENS.

La paix de Lunéville laissa l'Angleterre sans alliés, chargée de lutter seule contre toute la puissance de la France agrandie par d'immenses conquêtes. Ces deux puissances parvinrent enfin à s'entendre, et le traité d'Amiens signé le 27 mars 1802, donna la paix au monde; mais cette paix ne fut pas de longue durée : l'ambition et l'intérêt rallumèrent le feu de la guerre

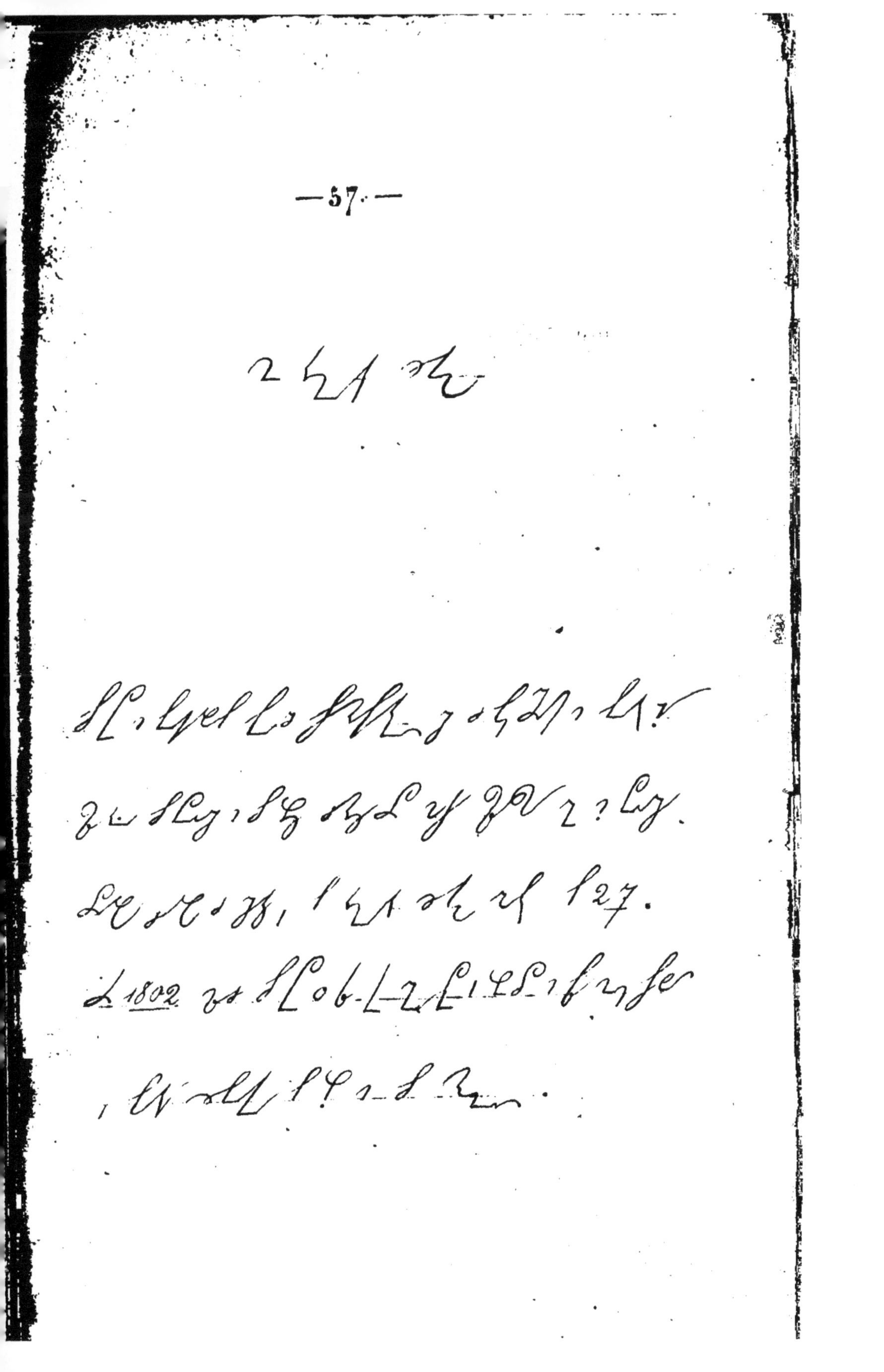

en Europe, et ce feu ne s'éteignit qu'à la chûte de Napoléon Bonaparte, et le rétablissement de la monarchie légitime en France.

EXERCICES VARIÉS.

—

On égale à soi ceux que l'on daigne combattre.

Contentement passe richesse.

On se peint dans ses propres ouvrages.

Nécessité tire parti de tout,

Nécessité d'industrie est la mère.

Comment ne pas compatir à la muette et touchante jalousie d'un cœur délaissé!

Un tyran n'est-il pas en démence lorsqu'il invoque le dévouement d'un peuple qu'il a décimé, affamé, dépouillé?

L'apparence nous fait prendre aujourd'hui des sentiments d'inclination pour des personnes qui seront demain l'objet de notre aversion.

Remplissez tous vos devoirs aujourd'hui; vous n'êtes pas sûr de vivre demain.

La fortune est si aveugle, que, si dans la foule il n'y a qu'un sage, il n'est pas à craindre qu'elle l'aille démêler.

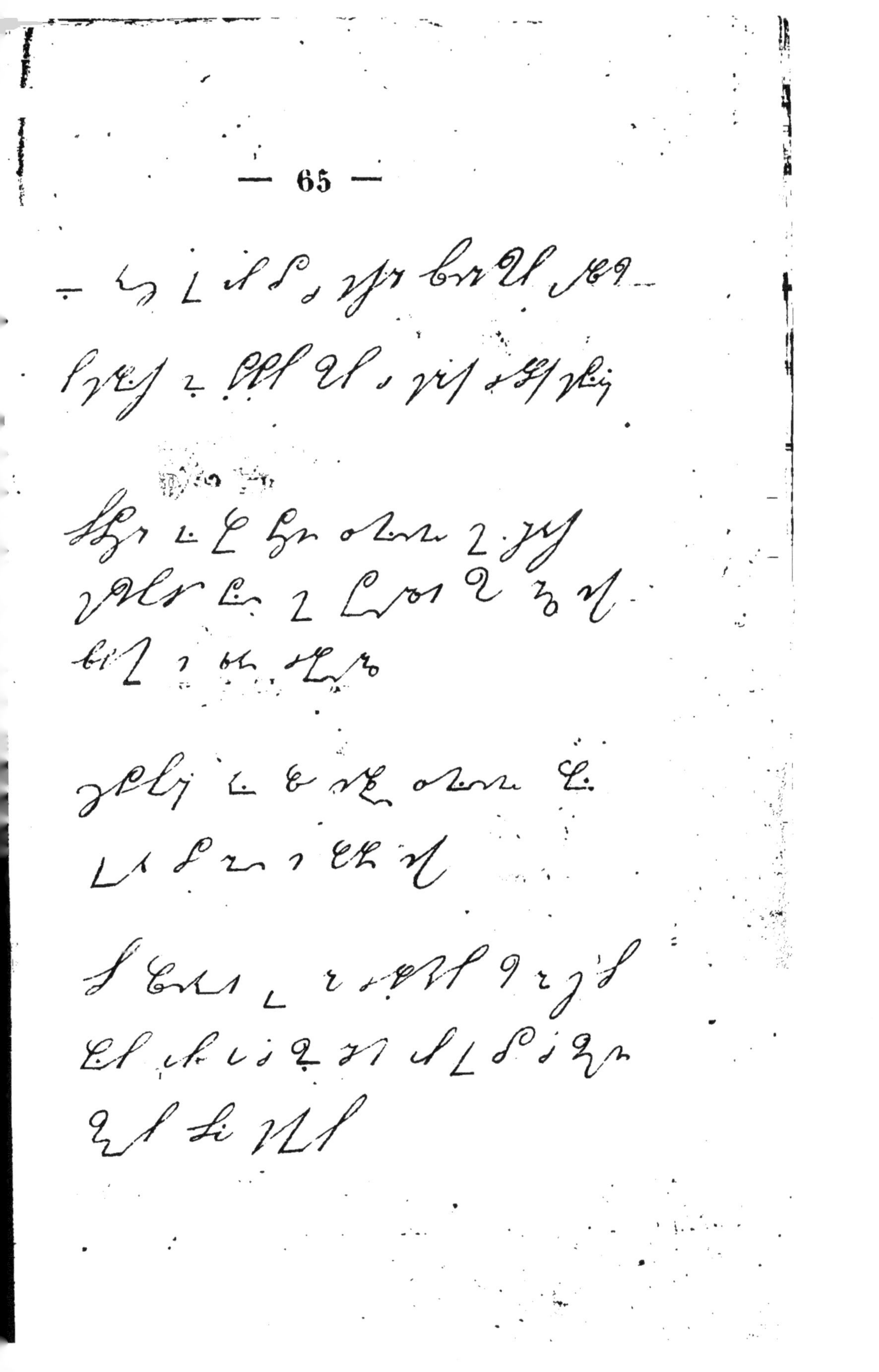

La faiblesse et la démangeaison de parler font plus de confidences que l'amitié.

Faites dans tous les temps ce que la vertu demande.

La coquetterie mal-adroite se dépare en voulant s'embellir.

La femme qui se jette à la tête des hommes se trouve bientôt sous leurs pieds.

Personne presque ne s'avise de lui-même du mérite d'un autre.

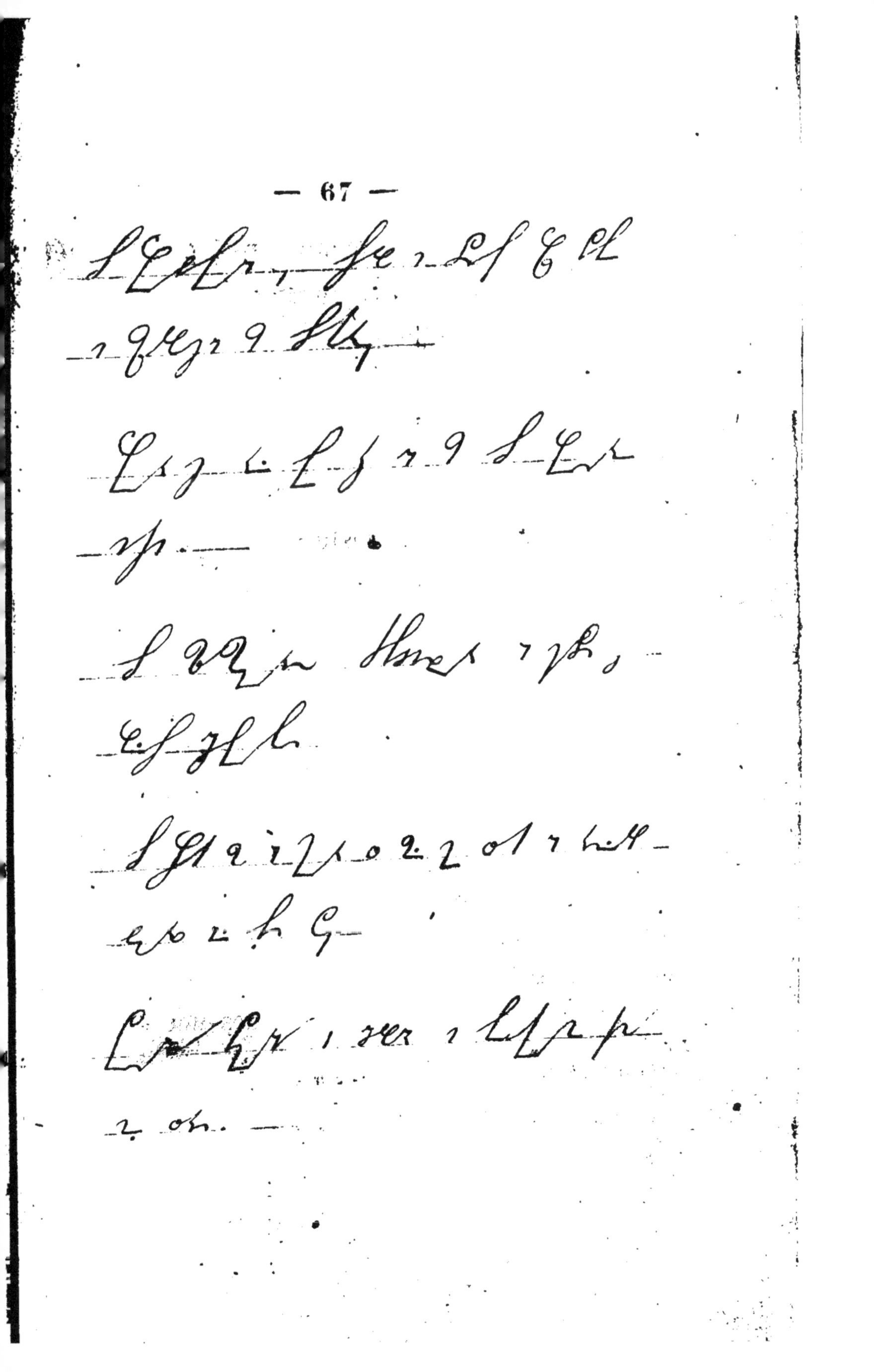

Il n'y a point au monde un si pénible métier que celui de se faire un grand nom; la vie s'achève que l'on a à-peine ébauché son ouvrage.

Nous devons travailler à nous rendre dignes de quelque emploi; le reste ne nous regarde point, c'est l'affaire des autres.

La modestie est au mérite ce que les ombres sont aux figures dans un tableau; elle lui donne de la force et du relief.

S'il est ordinaire d'être vivement touché des choses rares, pourquoi le sommes-nous si peu de la vertu?

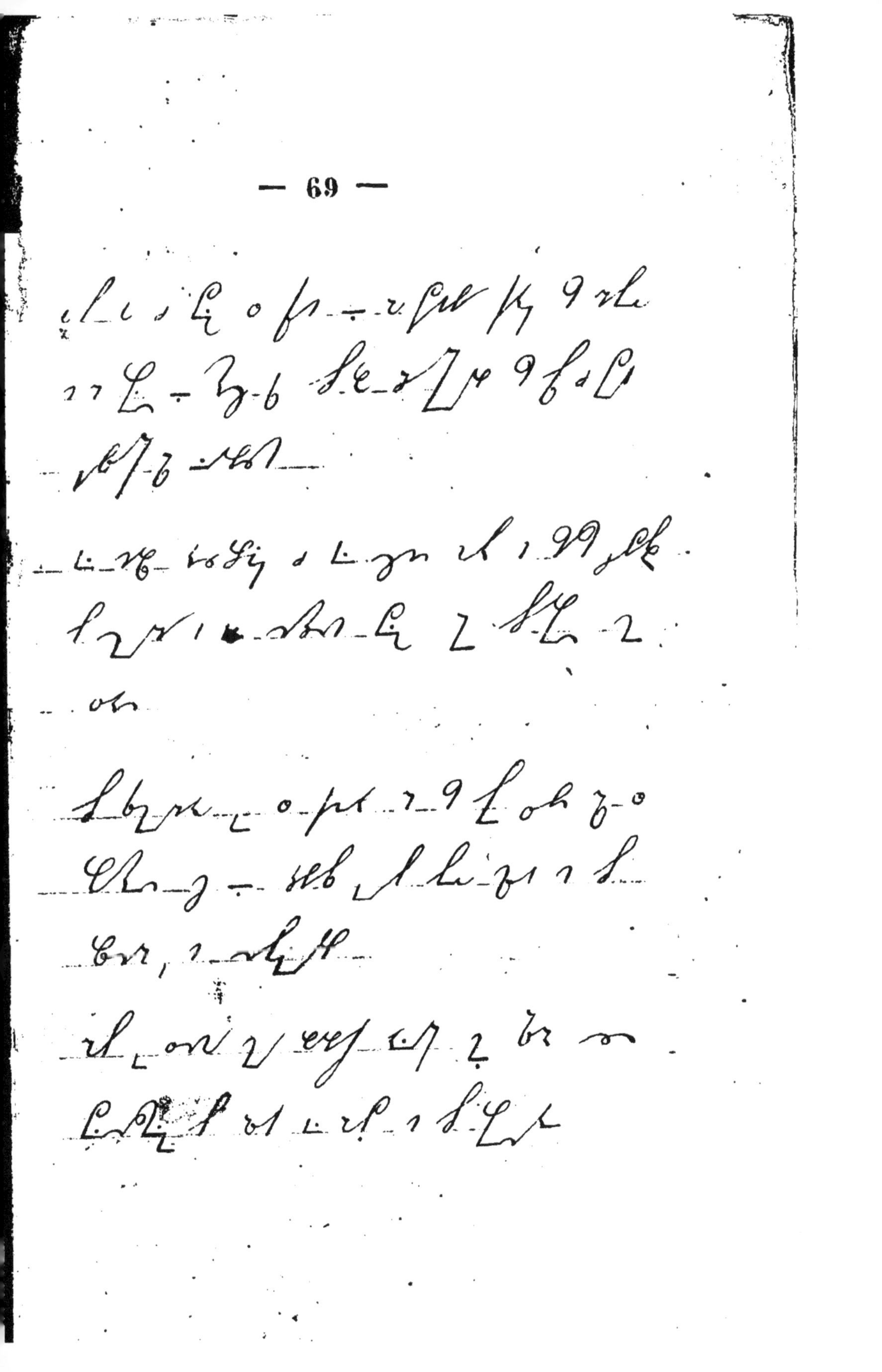

Celui-là peut prendre qui goûte un plaisir aussi délicat à recevoir que son ami en sent à lui donner.

Il y a du plaisir à rencontrer les yeux de celui à qui l'on vient de donner.

Il vaut mieux s'exposer à l'ingratitude que de manquer aux misérables.

La libéralité consiste moins à donner beaucoup qu'à donner à propos.

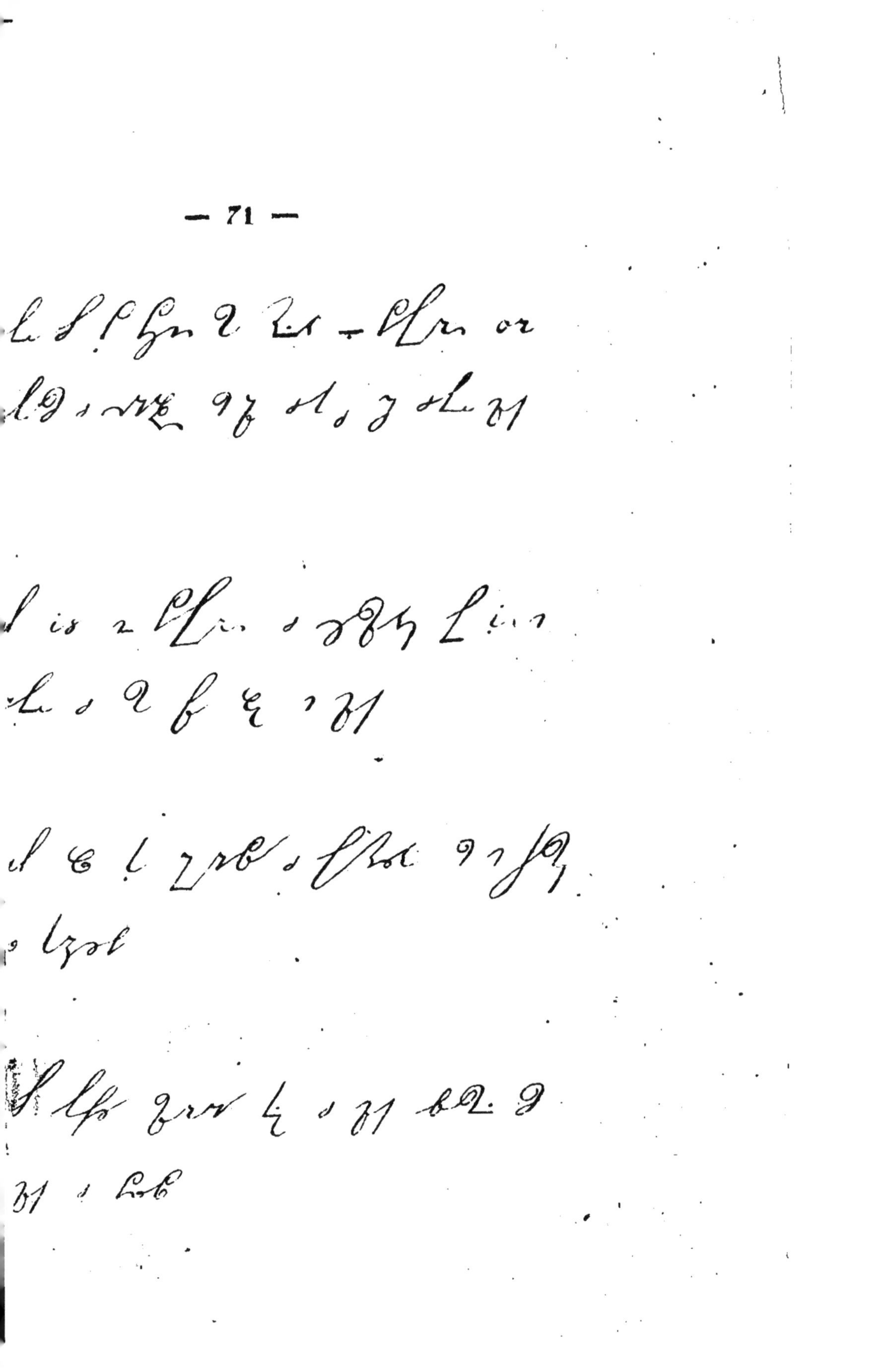

Un homme dur au travail et à la peine, inexorable à soi-même, n'est indulgent aux autres que par un excès de raison.

Il faut briguer la faveur de ceux à qui l'on veut du bien, plutôt que de ceux de qui l'on espère du bien.

Il faut rire avant que d'être heureux, de peur de mourir sans avoir ri.

Il est également difficile d'étouffer dans le commencement le sentiment des injures, et de le conserver après un certain nombre d'années.

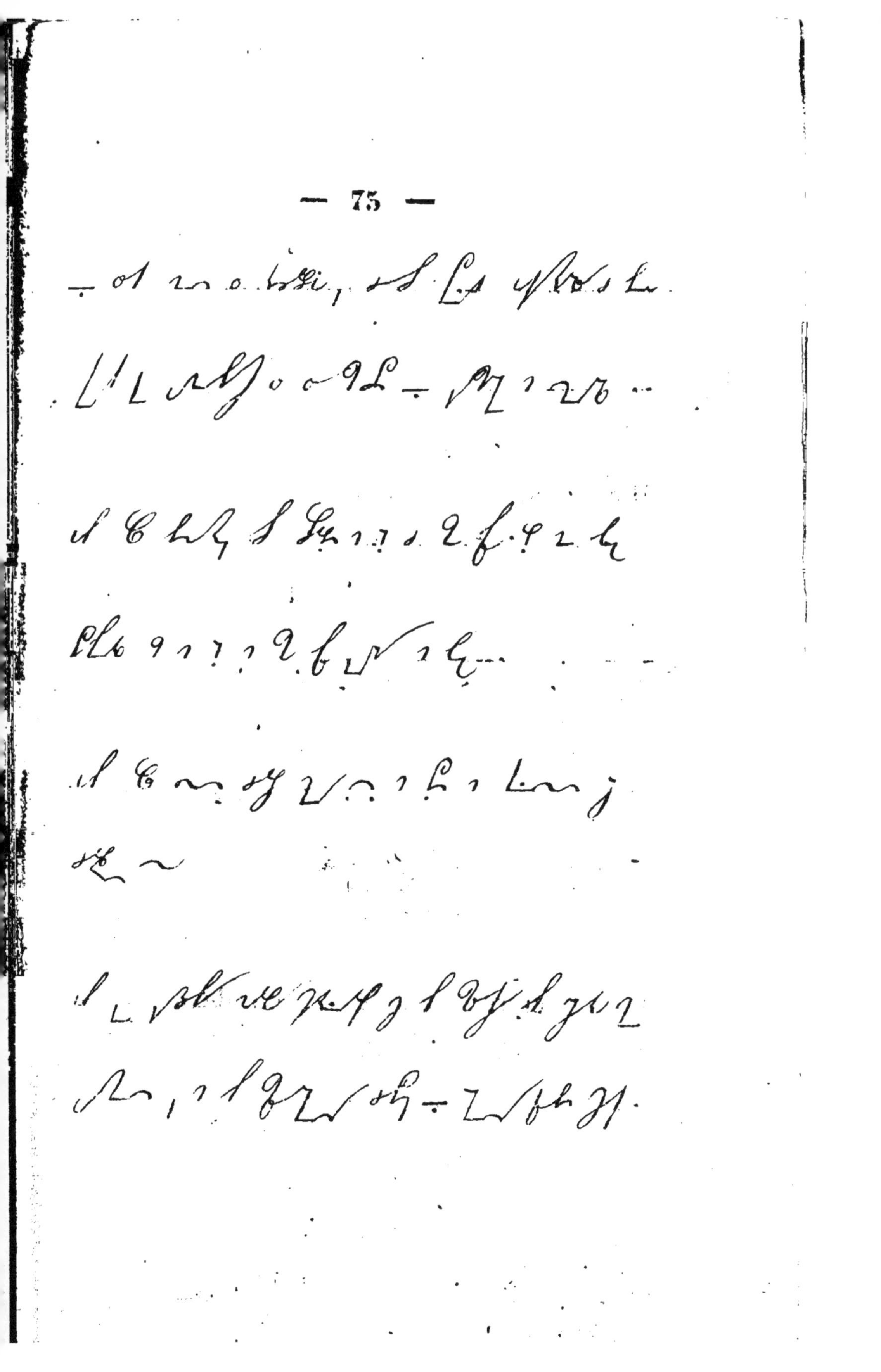

L'on est plus sociable et d'un meilleur commerce par le cœur que par l'esprit.

Il n'y a guère au monde un plus bel excès que celui de la reconnaissance.

Il faut être bien dénué d'esprit, si l'amour, la malignité, la nécessité n'en font pas trouver.

Un caractère bien fade est celui de n'en avoir aucun.

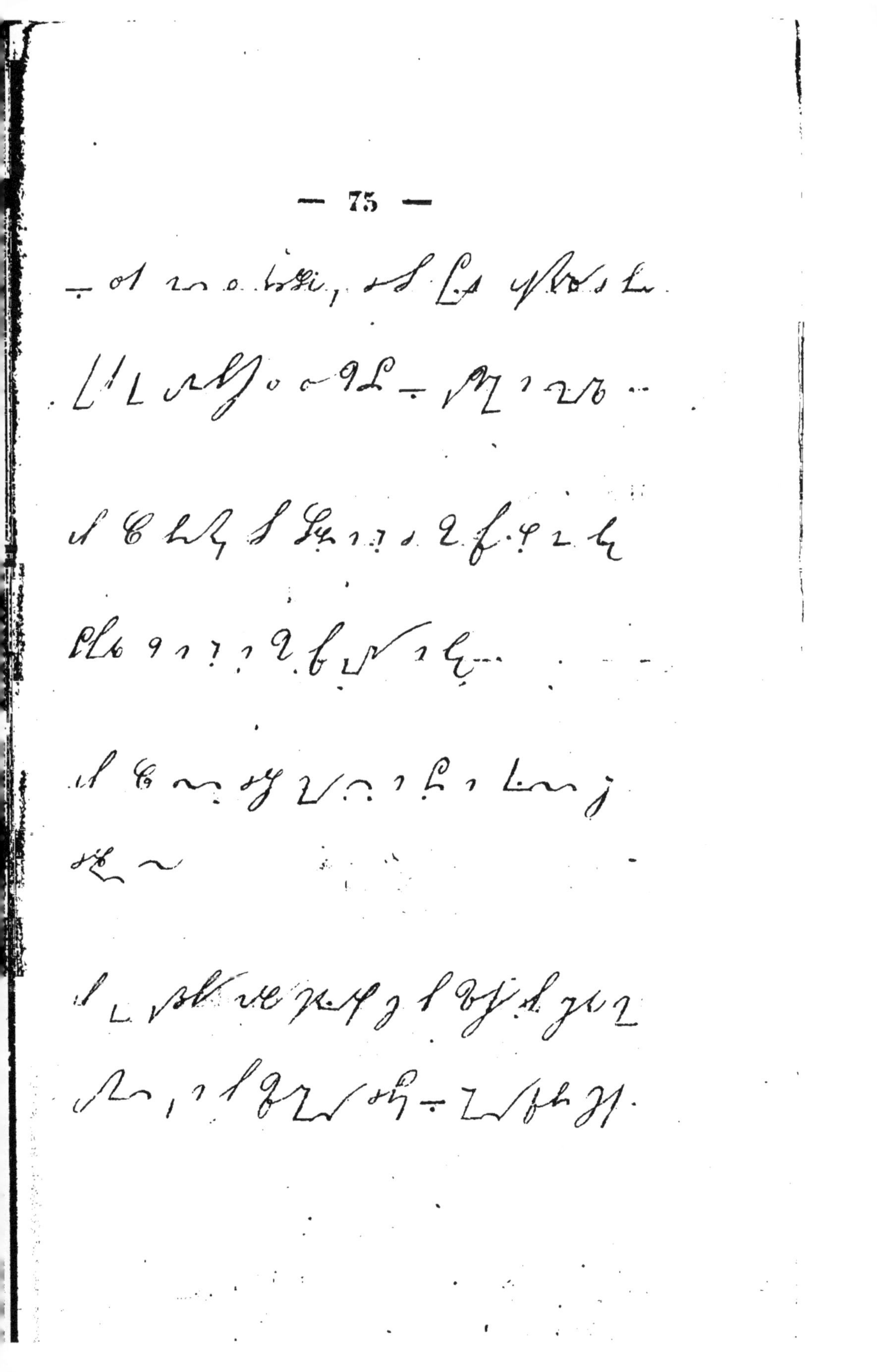

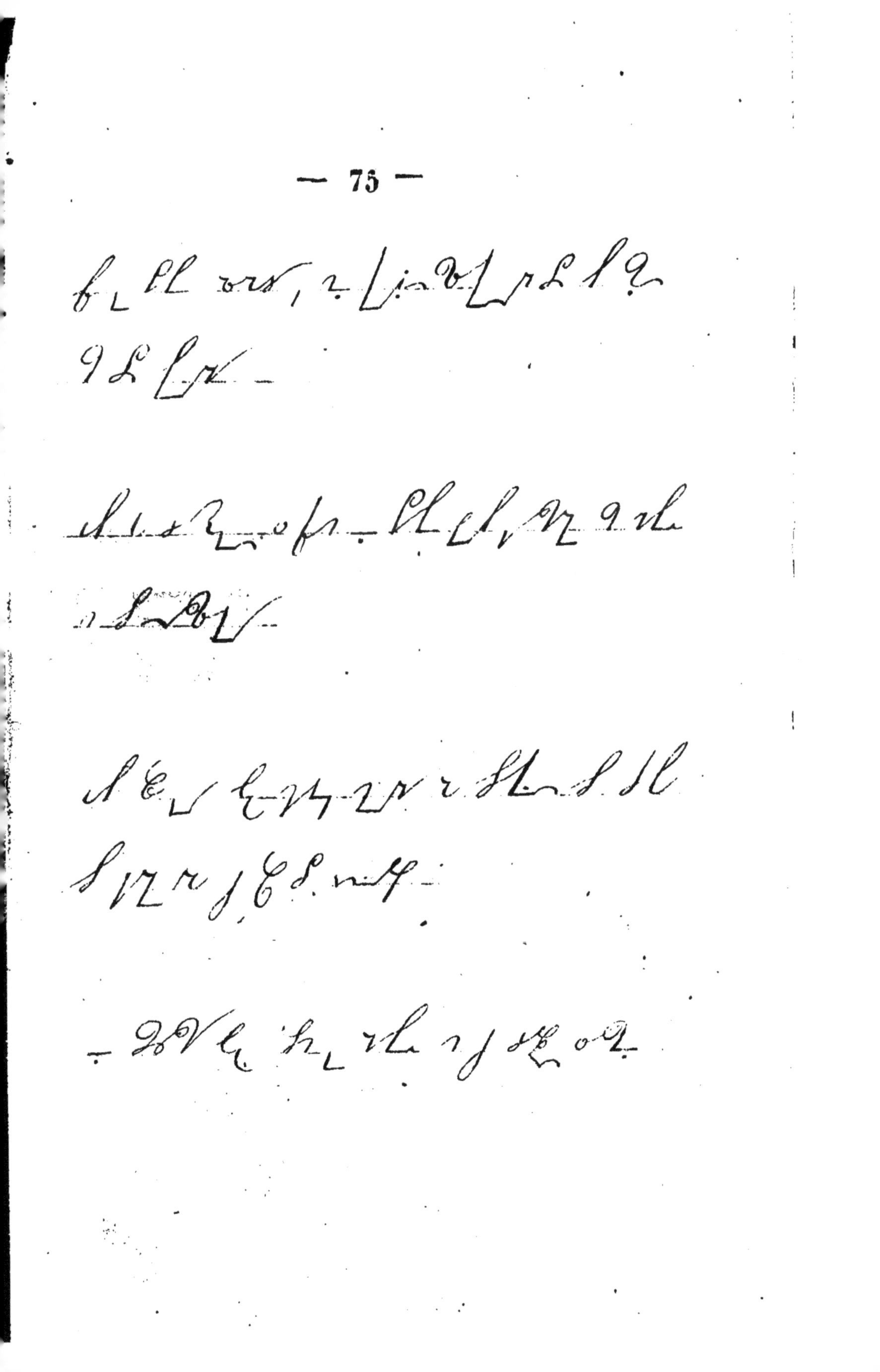

Un homme de bien ne saurait empêcher, par toute sa modestie, qu'on ne dise de lui tout ce qu'un malhonnête homme fait dire de soi.

C'est une grande misère que de n'avoir pas assez d'esprit pour bien parler, ni assez de jugement pour se taire.

Il ne faut jamais hasarder la plaisanterie, même la plus douce et la plus permise, qu'avec des gens polis ou qui ont de l'esprit.

La moquerie est souvent indigence d'esprit.

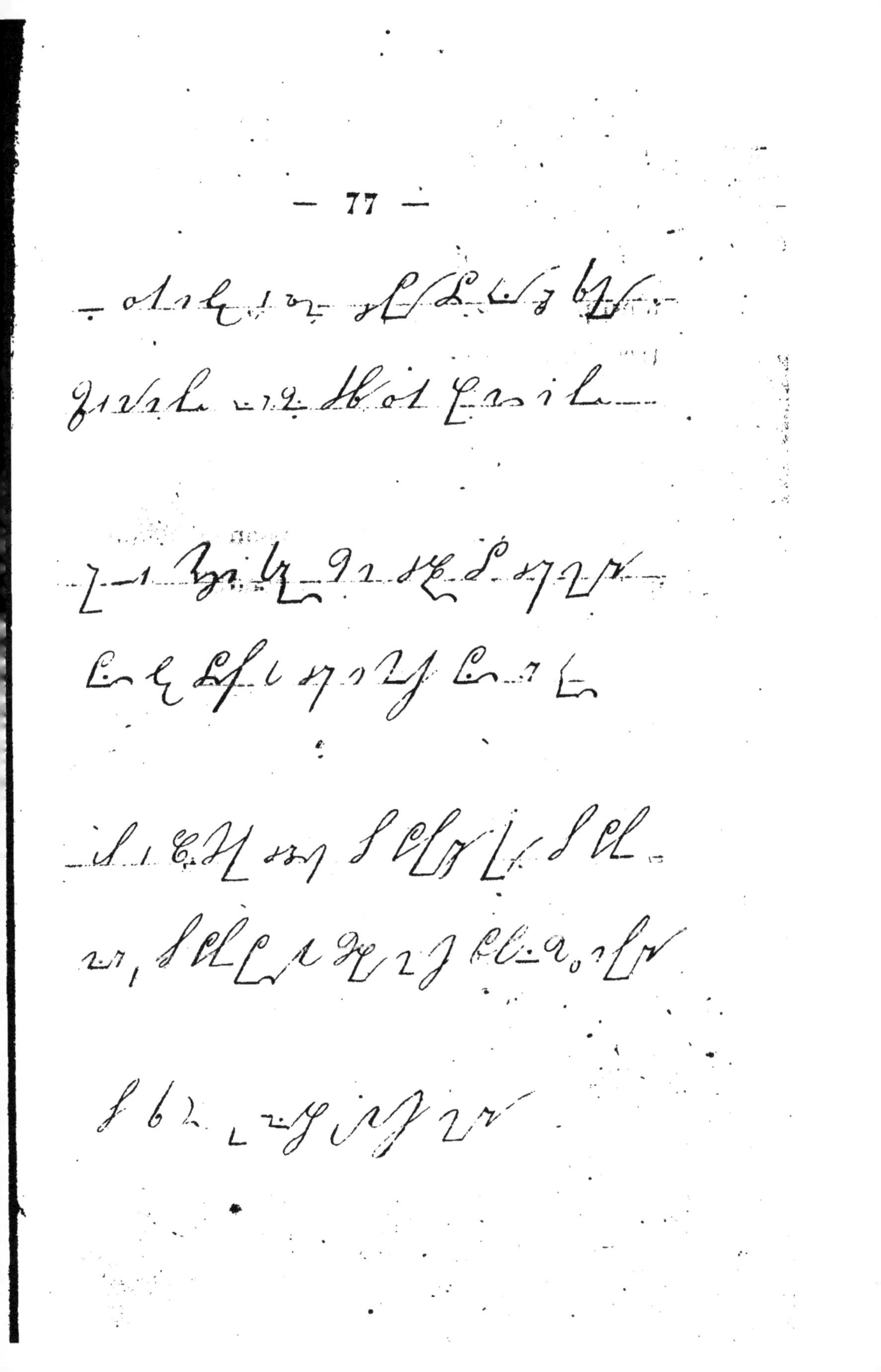

L'on ne peut aller loin dans l'amitié si l'on n'est pas disposé à se pardonner les uns aux autres les petits défauts.

Il n'y a guère qu'une naissance honnête ou qu'une bonne éducation qui rende les hommes capables de secret.

Celui-là est riche qui reçoit plus qu'il ne consomme: celui-là est pauvre dont la dépense excède la recette.

C'est beaucoup tirer de notre ami, si, ayant

monté à une grande faveur, il est encore un homme de notre connaissance.

L'esclave n'a qu'un maître, l'ambitieux en a autant qu'il y a de gens utiles à sa fortune.

Avec les gens qui par finesse écoutent tout et parlent peu, parlez encore moins, ou si vous parlez beaucoup, dites peu de chose.

La faveur met l'homme au-dessus de ses egaux, et sa chute au-dessous.

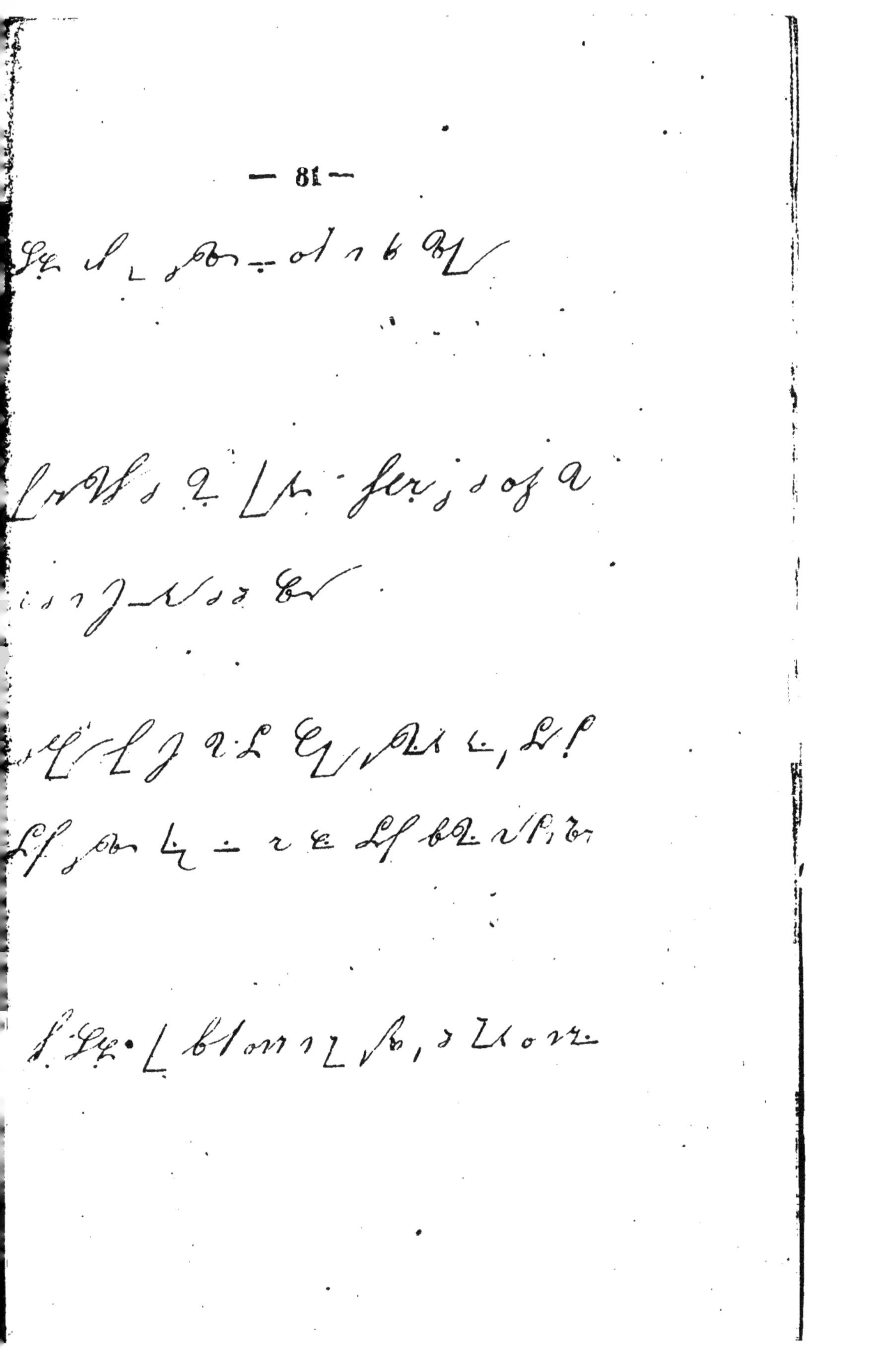

✵

Je transcri ci-après un morceau de poésie par lequel il est facile de remarquer que la Dassevillégraphie rime aussi bien à l'œil qu'à l'oreille; ce que l'on ne remarque pas d'une manière aussi sensible dans toute autre Méthode de Sténographie.

✵

La Chute des Feuilles.

De la dépouille de nos bois

L'Automne avait jonché la terre;

Le bocage était sans mystère,

Le rossignol était sans voix;

Triste et mourant à son aurore,

Un jeune malade, à pas lents

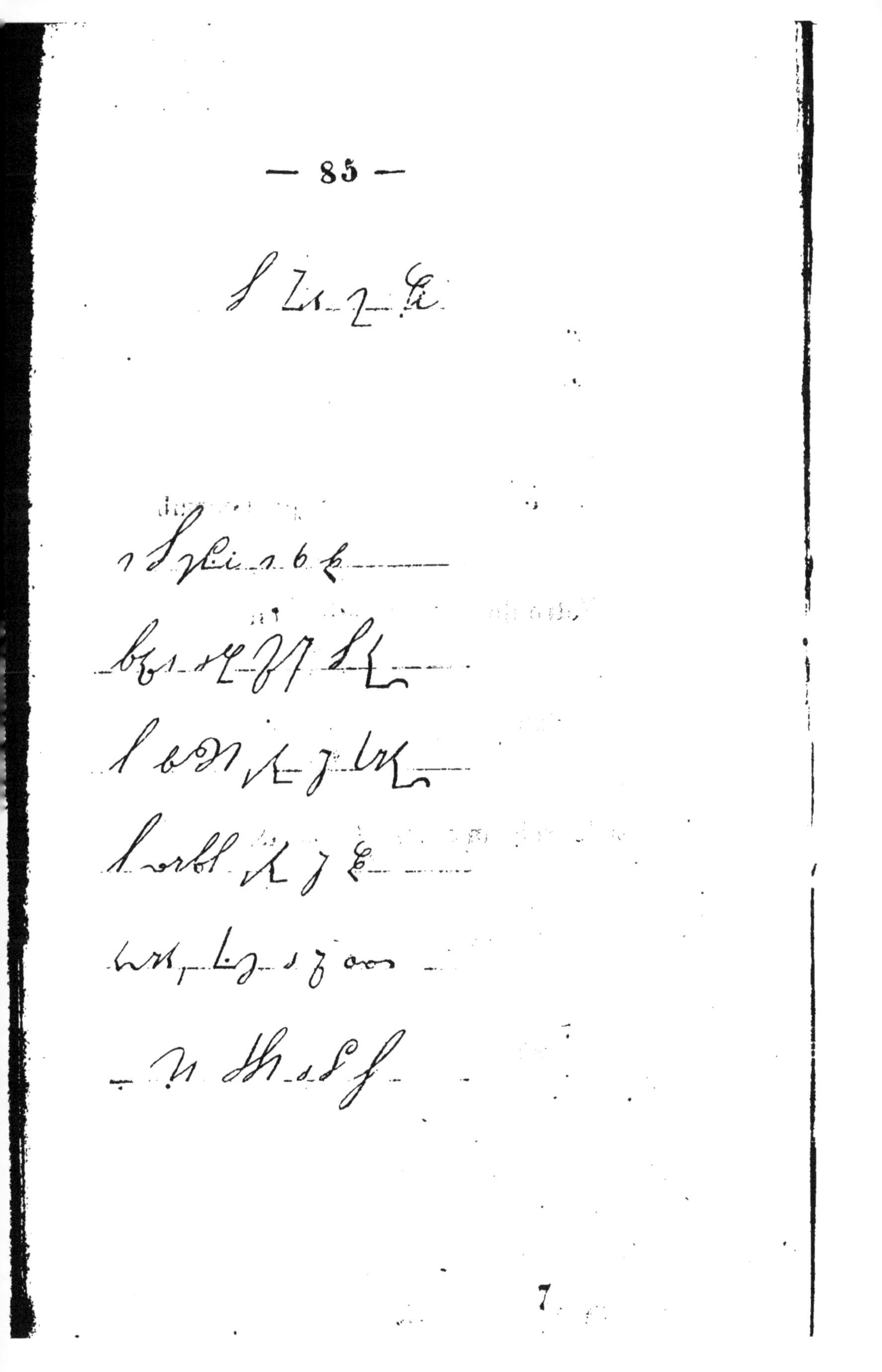

Parcourait une fois encore

Le bois cher à ses prémiers ans.

» Bois que j'aime, adieu! je succombe!

» Votre deuil me prédit mon sort,

» Et dans chaque feuille qui tombe

» Je vois un oracle de mort.

» Fatal oracle d'Épidaure,

» Tu m'as dit: les feuilles des bois

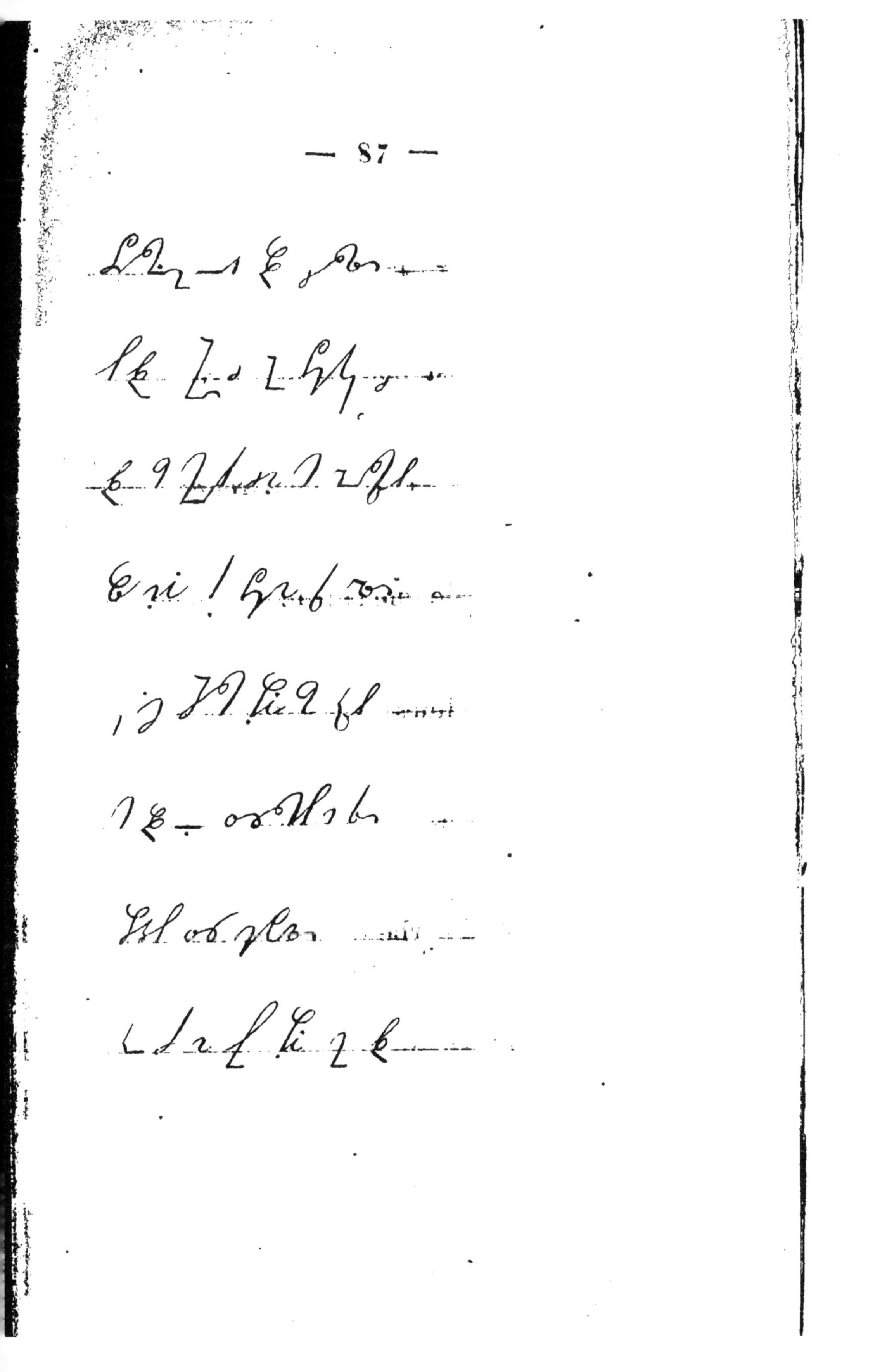

» A tes yeux jauniront encore,

» Mais c'est pour la dernière ſois.

» L'éternel cyprès t'environne;

» Plus pâle que la pâle Automne,

» Tu t'inclines vers le tombeau;

» Ta jeunesse sera flétrie

» Avant l'herbe de la prairie,

» Avant les pampres du côteau.

» Et je meurs! de leur froide haleine
» M'ont touché les sombres Autans,
» Et j'ai vu comme une ombre vaine
» S'évanouir mon beau printemps.
» Tombe, tombe, feuille éphémère,
» Voile aux yeux ce triste chemin;
» Cache au désespoir de ma mère
» La place où je serai demain.

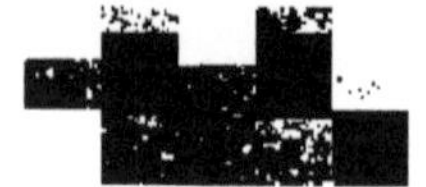

» Mais, vers la solitaire allée

» Si mon amante échevelée

» Venait pleurer quand le jour fuit,

» Éveille par ton léger bruit

» Mon ombre un instant consolée.

Il dit, s'éloigne, et sans retour

La dernière feuille qui tombe

A signalé son dernier jour.

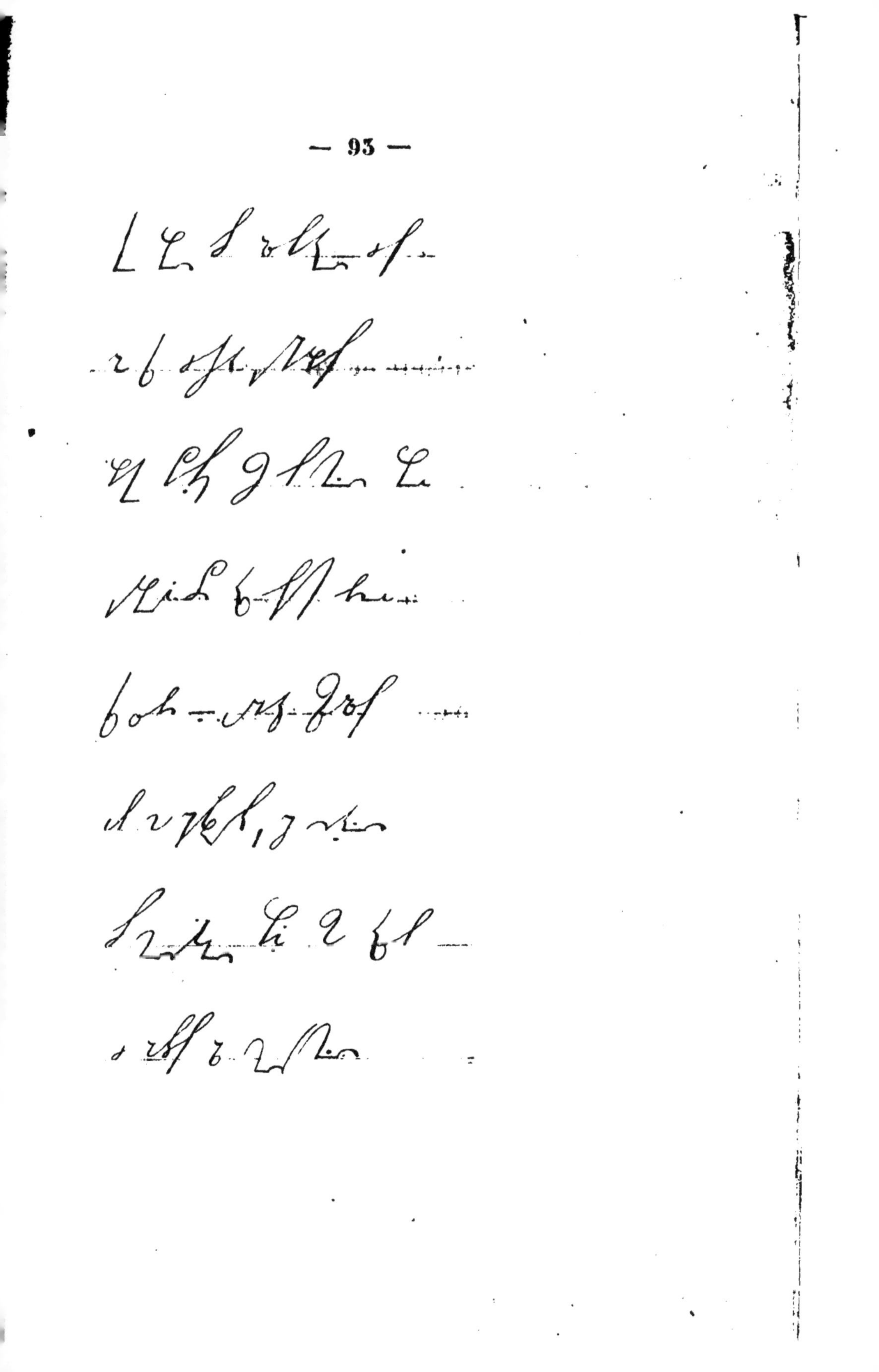

Sous le chêne on creusa sa tombe,

Mais son amante ne vint pas,

Et le pâtre de la vallée

Troubla seul du bruit de ses pas

Le silence du mausolée.

MILLEVOIE.

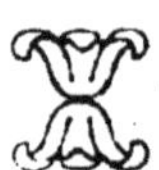

OBSERVATION.

Jusqu'alors, la méthode sténographique de M. Hippolyte Prévost est celle qui a joui du plus grand renom ; et pourtant elle laisse encore beaucoup à désirer, car elle fait supprimer toutes les voyelles médiales afin d'arriver plus vite à écrire ce que l'on veut ; mais il en résulte que cette abréviation nuit tellement à la lisibilité de sa sténographie, qu'il est presque impossible de la lire, même à ceux qui l'ont écrite.

Ma méthode a le grand avantage de ne supprimer aucune voyelle, et que jamais le même signe ne change de signification selon le besoin.

Non-seulement mes signes sont d'une exécution et d'une liaison très-faciles, mais, par leur forme ils permettent de tracer à leur suite telle voyelle qui est utile sans qu'il y ait perte de temps ; avantage immense qui ne peut être bien apprécié que par les personnes qui connaîtront les deux méthodes.

La méthode de M. Prévost est un raccommodage de celle de Taylor ; la mienne a au moins le mérite de l'innovation.

Afin de faire ressortir tout ce que la méthode de M. Prévost a d'imparfait, il me suffit de citer ici la juste appréciation qu'il en fait lui-même ; il dit, pages 18 et 19 de son manuel de sténographie : « il est vrai que le défaut de voyelles « initiales et médiales peut causer aux élèves de « ce système de *graves erreurs* ; ils peuvent lire, « par exemple, les signes correspondants à *k*, *n*, « *t*, *r*, des diverses manières suivantes, *contre*, « *contour*, *compteur*, *connaître* etc., ceux-ci : « *f*, *k*, *son*, *affection*, *vocation*, ou *évocation* « *etc.*; *ceux-là*, *m*, *n*, *t*, *r*, *montre*, *mentir*, « *menteur*, *moniteur*, etc. Il est rare cependant « que l'intelligence des praticiens ne détruise « pas ces vices de la méthode.

» Malgré ces inconvéniens, ce système étant « plus rapide que la tachigraphie, doit lui être « préféré, et qu'ensuite l'habitude et l'intelli- « gence peuvent venir à bout de la difficulté de « la traduction. »

Quoiqu'il n'entre pas dans mes habitudes de critiquer personne, j'ai cru pouvoir me permettre cette faible digression à l'égard de M

Prévost qui n'a pas craint d'en donner l'exemple en critiquant successivement tous ceux qui ont fait des efforts pour parvenir avant lui à donner au public un bon traité de sténographie, et notamment M. A. Fossé auquel il reproche d'avoir voulu comme lui, faire du neuf avec du vieux provenant de M. Taylor; pour moi qui n'ai pas la prétention de n'avoir laissé rien à faire après moi, je m'en remets avec confiance au jugement des praticiens expérimentés: d'avance j'accepte leur choix pour telle méthode qu'ils croiront devoir préférer.

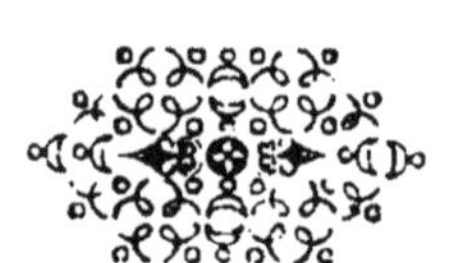

TABLE.

FIN DE LA TABLE.

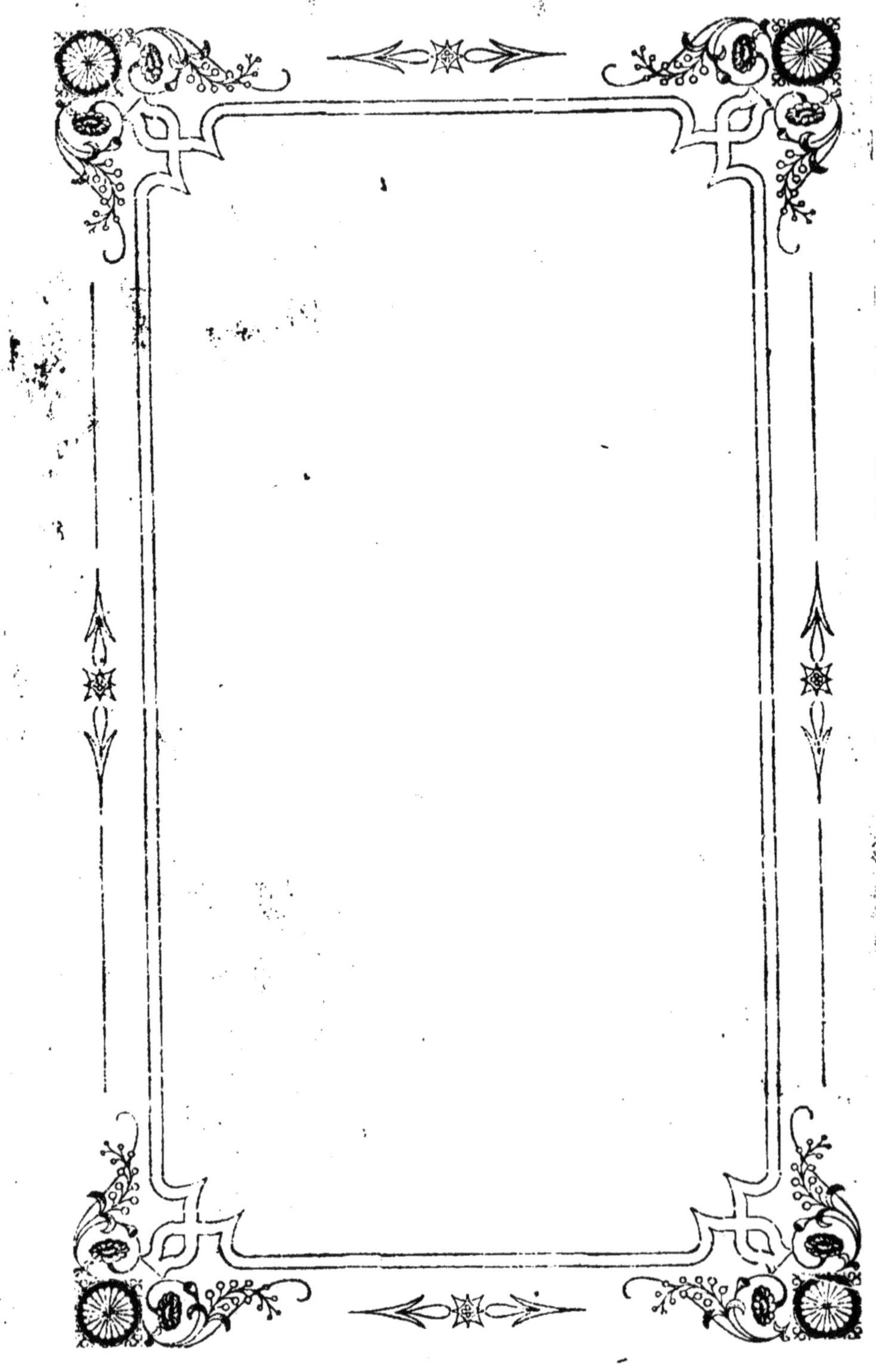

www.ingramcontent.com/pod-product-compliance
Ingram Content Group UK Ltd.
Pitfield, Milton Keynes, MK11 3LW, UK
UKHW021058270726
13994UKWH00009B/767